Naiem Ahmadinejadfarsangi

E Deus me basta

Naiem Ahmadinejadfarsangi

E Deus me basta

CREDO EDICIONES

Cover image: www.ingimage.com

Publisher:
CREDO EDICIONES
ist ein Imprint der / is a trademark of
Dodo Books Indian Ocean Ltd. and OmniScriptum S.R.L publishing group

120 High Road, East Finchley, London, N2 9ED, United Kingdom
Str. Armeneasca 28/1, office 1, Chisinau MD-2012, Republic of Moldova, Europe
Printed at: see last page
ISBN: 978-613-1-89283-7

E Deus me basta

Naiem Ahmadinejadfarsangi

Table of Contents

Introdução

A que conduz a fé?

Quando há fé, há esperança

Quando há esperança, há possibilidades

Quando há possibilidades, há sucesso

Quando há sucesso, há riqueza

Mas quando há riqueza, há ganância

Quando há ganância, há maldade

Quando há mal, há inferno

Quando há inferno, há sofrimento

Quando há sofrimento, há oração

Quando há oração, há Deus

E quando Deus existe, a vida é eterna.

Primeiro

Lágrimas rolam pelas minhas bochechas e mordem meus lábios macios para não gritar

Meu coração é perfurado pela nitidez do ódio e do ciúme

eu deito no chão

Minhas lágrimas enchem um lago próximo ao meu túmulo

eu fecho meus olhos

Como uma criança perdida em busca de um sonho

eu desejo desesperadamente

te sinto e te procuro

Eu olho para o céu e grito seu nome em silêncio

Eu sinto sua ausência e estou esperando um sinal de você

Meu coração bate e eu estou maravilhado

Ainda há vida em meu corpo

Milhares de pensamentos atacam minha mente

Eles dançam como um dançarino o tempo todo

Eles não descansam e eu não descanso

Eles vêm, me provocam, desaparecem e são substituídos novamente

Eles continuam me entorpecendo novamente

E finalmente em silêncio

Eu anseio por você novamente

Procuro teu nome entre versos e rimas

Eu anseio por você e eu quero você

Estou perdido, abandonado, esquecido

Eu penso em você e olho para um mundo tolerável

Mas a tua ausência faz um alvoroço na minha alma,

meu Senhor.

Segundo

Eu espero que o nascer do sol dissipe lentamente a escuridão

O ar fresco acaricia meu rosto

Eu ouço o alegre canto dos pássaros

Um momento para refletir

Um momento de alegria

Um momento de esperança

Gotas de chuva caem como minhas lágrimas para alimentar a semente de minhas misérias

E o sol é algo como a felicidade que alimenta minhas frustrações

Eu deixo o vento levar minha tristeza

Eu deixei a chuva desaparecer com minhas lágrimas

Eu deixo o sol queimar minhas mágoas

Eu deixo meus sonhos brilharem como estrelas

Eu deixo a vida fluir

E ouvirei a voz dos anjos chamando meu nome para
as terras da vida eterna.

Terceiro

O vento uiva minha solidão

A chuva teimosa bate na janela do meu quarto

Os minutos passam em sucessão monótona

As pétalas de suas esperanças caem vazias

A amargura do café destrói meus sonhos

Uma lágrima caiu no meu rosto doente e escorregou

A tristeza tomou conta da minha alma

Uma pessoa triste sussurra para mim e suspira pesadamente

O vento assobia e chora

Apagarei com lágrimas a chama da dor e juntarei as palmas das mãos em oração silenciosa.

Ó Senhor, desejo conceder-me a doçura da tua presença.

Quarto

estou esperando a chuva

Eu acho que o tempo chuvoso vai apagar todos os meus sonhos do meu coração

Meus sonhos se tornaram impossíveis e eles choram baixinho enquanto vão

Não vejo motivo para sorrir e esses são os traços da solidão

Eu sinto uma lágrima na minha bochecha

Uma lágrima caiu e a segunda e o céu que me viu mandou chuva para o chão e implorou para que minhas lágrimas não caíssem.

Mas o trovão brilha no coração

Nuvens ficam pretas em John

A chuva parou

Todas as nuvens parecem ter desaparecido

O sol brilhou forte

Uma música é cantada no meio do vento muito legal e calmo

Então, por que sinto uma decepção tão grande?

Ó Senhor, por que meus olhos estão cheios de tristeza e lágrimas?

Eu rezo muito esperando ouvir sua doce voz mais uma vez Senhor, deixe sua luz gloriosa entrar em minha vida Seu doce e misericordioso amor fluiu como um rio

Minha alma acordou e soube que ele sempre esteve ao meu lado De onde eu ouvi uma voz e disse Lembre-se que estou sempre ao seu lado.

o quinto

Eu sento aqui no escuro e vivo sozinho

Com quartos que às vezes ecoam com risos

E atrai muitas lágrimas de tristeza, dor, sofrimento e raiva

As lágrimas que derramei silenciosamente ao lado das estradas escuras

Olhando para as escadas para deixar ir

Esta eterna solidão

E eu sinto a tristeza completamente

Pela dor do passado e os olhares fugazes que às vezes afundam em minha alma tensa

A vida não era o que eu acreditava

A tristeza que agora encontro está tão perto de mim que às vezes é meu consolo, minha amiga e tudo que posso ver.

Meu caminho pela vida foi difícil e solitário

Embora eu tenha tentado muito encontrar felicidade e paz

Vida cotidiana com vergonha eterna

Com arrependimento eterno

com dor eterna

O que posso fazer

Da dor que transforma minha alma em carvão escuro e preto

Pegue minha mão e ouça

Veja como meu coração se parte no meu peito

Anjos cantam para mim fique e demônios gritam vá

De tantas mentiras, de tanta dor

Eu não acredito mais em anjos

Eles veem tudo, mas ficam em silêncio

vou me sentir feliz hoje

hoje eu morro

Minha alma frágil se ajoelhará diante da morte cheia de alegria

A morte vai me abraçar, vou olhar nos olhos dele, só ele me entende

Os demônios da morte estão chegando muito perto

Suas vozes na minha cabeça me assombram o dia todo

Por que a felicidade está sempre um dia atrasada?

O suicídio é uma resposta fácil que eu tentei muitas vezes

A felicidade parece ser as lágrimas que eu chorei

A esperança era uma ilusão

Uma previsão otimista

Os anjos se preparam para a batalha e se

posicionam

Minhas lágrimas agora são um lago que transborda

meu tempo

quando é curto

As horas passam lentamente

É como se o Deus do mundo quisesse me fazer

sofrer

eu quero chorar

Mas é uma pena chorar neste mundo

As pessoas vão ver, vão rir e chamar lágrimas fingidas com uma calúnia desagradável e um sorriso insultuoso.

Oh como era amargo viver

Eu só bebi espuma do copo da felicidade

Ele interferiu em beber néctar

Por que sinto que ninguém me entende?

A loucura encontrou um lar permanente em mim

Estou preso pelo meu próprio cérebro

No meu mundo chove para sempre

Não há como escapar da dor e do sofrimento

Não há para onde correr ou se esconder

eu fui condenado

Ó vida, o que mais queres de mim?

Eu te dei tudo que eu poderia dar

Por que ninguém me disse que esta vida é difícil

Eu grito para mim mesmo, por que eu?

Não há mais esperança para mim

Mas eu me lembro do velho livro da minha avó

Então eu entendo

Toda a esperança não está perdida

Porque isso é tudo que eu preciso

intervenção divina.

o sexto

Eu escrevo um verso sobre a felicidade no começo

Mas a felicidade não é surpreendente

Um verso sobre luto surge espontaneamente

Quase todas as palavras nele choram

Eu queria escrever sobre a felicidade para que a canção de amor saísse da minha caneta

Mas eu não gosto de enganar a poesia

A vida é muito triste

Não quero escrever sobre tristeza mas a tristeza destrói a felicidade

Eu queria felicidade, mas muitos problemas surgiram em minha vida e infortúnios amargos aconteceram

A tristeza tem olhos negros

É preto como o céu noturno

O problema flui a partir dele

As lágrimas correm e tornam o corpo negro e doente

Cairei como uma folha de outono desta profunda tristeza, desta dolorosa tristeza?

Eu sempre quis ser aquele que tinha tudo

Riqueza, poder e glória

Meu coração ansiava por uma vida luxuosa

Beba, coma, seja feliz

Mas eu percebi que estava errado

Eu acordei, como eu estava vivendo sem sentido

Desejo de coisas temporárias, fugazes e sem valor

Orgulho, quão simples e sem sentido

Desejo de coisas que não são eternas.

o sétimo

Brilhos suaves e frágeis de luz se espalham entre as nuvens naquele suave pôr do sol

Meu espírito se eleva em meio à beleza da tarde numa brisa suave que embala

Gosto de me fundir entre os cantos harmoniosos dos pássaros nos galhos das árvores que parecem cantar uma canção de amor

As sombras deslizam e então eu encaro as estrelas

Quando olho para a natureza, algo se agita em minha alma e desejo estar com você em um vôo tranquilo

Quando sinto essas belezas, vejo você ao meu lado, ó sábio criador.

Oitavo

como acreditar

Alguém que eu nunca vi ou ouvi uma palavra de

Eu refleti para mim mesmo

Por que eu deveria duvidar?

Não foi a criatividade de Deus que criou este mundo?

Eu só preciso olhar em volta e saber que ele está lá

Eu o vejo, o sinto e o ouço

Eu o vejo nas gotas de chuva enquanto ele alimenta as árvores e flores

Eu o vejo no arco-íris que aparece depois da chuva

Eu a vejo com amor maternal quando ela olha para seu filho

Eu o vejo no rosto enrugado de um pai voltando do trabalho

Eu o ouço na alegre canção de um prado quando o vento sopra em sua grama

Eu o ouço quando troveja

Eu vejo sua beleza em asas de borboleta e penas de pavão

Eu o sinto na brisa brincalhona que sopra suavemente em meus cabelos

Eu vejo seu poder nas montanhas e nos mares sempre quebrando

A afeição pura de uma criança mostra como seu amor pode ser gentil

Procure-o por trás dos olhos sorridentes de uma criança

Ou cheirá-lo na flor das flores de jasmim

Em uma noite de luar brilhante e estrelada, quando você estiver segurando a mão de seu amor, segure a mão dela e sinta o calor de suas lágrimas.

Ele está lá para o primeiro choro de uma criança e para o último suspiro de um homem morto

Ele está lá quando as ondas quebram nas areias douradas e as gaivotas voam em direção às nuvens brancas

Deus nos alcança apenas de maneiras silenciosas e simples

Jamais encontraremos sua presença na violência

Seu amor e paz nos cercam

É verdade que não tenho nenhuma foto dele para pendurar na parede

Eu não preciso de um retrato para me lembrar de sua presença

Foi transmitido por todo o país para aqueles que estão dispostos a ouvir

A sinfonia da vida dirigida por suas mãos.

nono

Quando nascemos sem posses

O amor recebido foi nosso único bônus

Vivemos nossas vidas sem preocupação, sem medo nos braços de nossa mãe

Mas quanto mais velhos ficamos

Nós olhamos e cobiçamos e logo caímos na escravidão

Quanto mais víamos, mais queríamos

Nossa sede por mais não poderia ser saciada

Quanto mais recolhíamos, mais queríamos

Tornou-se propriedade de nosso mestre e mestre

E quando envelhecemos com nossos tesouros todos eles se reuniram

Um triste exemplo do que uma pessoa gananciosa colhe

Nossos punhos ainda cerrados com força até a morte, quando nossas mãos se abriram.

o décimo

Folhas batem no vidro da janela

A tarde triste continua em silêncio resoluto

Não sei que dia é hoje, só sei que as folhas do outono continuam batendo no vidro

eu posso encher os oceanos com as lágrimas que eu chorei

Uma e outra vez o que eu pensei que era a verdade acabou por ser uma mentira

Tudo está desmoronando e eu estou perguntando por que

Eu sou um pássaro com asas pegajosas

Um poço que secou

Mas ainda nada se compara à dor sem fim da indiferença

Ó povo da cidade

Quem será uma visão para os cegos

Quem será a voz dos que não têm voz?

De quem é o grito dos surdos?

Quem vai orar por aqueles que sofrem?

Quem mais além de nós?

Quem será a luz neste mundo escuro?

Quem se levantará e fará uma mudança no mundo?

Quem mais além de nós?

O cego não pode ver

Mudo não fala

E não haverá voz para os surdos

E não haverá luz neste mundo escuro

Se não, diga.

Décima primeira

Um homem triste caminha em um beco deserto

O homem estava deprimido

Ele entendeu que foi deixado sozinho e que não era mais necessário

O sangue venoso não estava mais correndo em suas veias

em vez disso, cansado dos choques do passado, ele estava caindo

O homem foi queimado, não acreditava mais em Deus e seus olhos não brilhavam na expectativa de grandes aventuras

Parte meu coração vê-la sentada perto da parede uivando de dor e depois chorando.

Desde então, ele não acreditava mais em Deus

Ele estava farto e começou a questionar Deus

Ele estava cansado e doente de sua vida muito estranha

Por que ele deveria suportar o sofrimento e as dificuldades mais longos?

Ele não sabia que os melhores de Deus eram escolhidos como os mais fortes

Ele nunca percebeu que era um dos maiores soldados de Deus

Deus o amou

Foi apenas um experimento para que ele pudesse continuar crescendo

Um homem taciturno caminha em um beco abandonado

Ele não é como os outros, é um transeunte incomum

Ele ainda segura seu amuleto sagrado na mão

Um amuleto sagrado que vive sob sua pele áspera e ensanguentada.

décimo segundo

O dia termina, o sol se põe

eu vou para a cama, deito para descansar

Eu fecho meus olhos enquanto entro em outro mundo

Vejo prados verdes, sinto o sol, sinto-me alegre quando olho em volta

eu continuo a andar

Eu ouço o riso das crianças brincando

Todos os rostos felizes, sorridentes, todos em paz

Estou seguindo em frente para me juntar a este clã

Estamos todos reunidos, independente de cor ou raça

Todos nós queremos gritar e louvar a Deus

Sem dor, sem tristeza, sem maldade

Este é o meu mundo, mas é uma ilusão

Quando acordei, sentei na minha cama e lembrei do meu sonho com tristeza e arrependimento

Um mundo sem ódio e tristeza, apenas cheio de amor

Mas de repente vi que meu mundo estava desmoronando, não queria acordar porque me sentia feliz ali.

Mas ouvi uma voz que me disse em tom amargo

Acorde, pobre sonhador, este não é o seu mundo, o seu é depois que você acordar, onde a realidade é triste

Essas palavras foram repetidas enquanto meu sonho desaparecia

Decepção novamente

tristeza de novo

De um lindo sonho de outono que infelizmente desapareceu

Perdido impiedosamente

Em uma bela noite de outono

E naquela noite

Minha felicidade fica com as estrelas.

o décimo terceiro

eu ando sozinho na vida

Não há luz para mim e estou sozinho

Eu sei que o tempo é o melhor curador

Mas agora também somos inimigos

Ó meu coração solitário

Cubra-se com uma fina camada de otimismo

Enterre em um lugar triste e triste e esqueça as coisas ruins

Ninguém neste mundo precisa de você

Não há amor por você

A vida é só dor

Vida é dor

Mais uma vez a depressão flui pela minha cabeça

Esses pensamentos me fazem pensar na morte

A escuridão perturba minha mente

É dia ou noite?

Os pássaros estão cantando ou os morcegos estão voando?

Depois que eu der meu último suspiro, serei uma sombra entre os túmulos?

Mas eu sei que não vou para o inferno depois da morte, já estive lá antes

Um lugar cheio de tristeza, um lugar cheio de desespero

A noite escura amanhece na cidade

Pensamentos voltaram a surgir na minha cabeça e
me dizem que morrer faz bem para a saúde e para
os nervos

Sento-me novamente no escuro atrás do caderno
para trazer tristeza em verso

eu fecho meus olhos

Eu enfrento uma cena desagradável

eu estou de pé em um navio

Perdido, assustado e com frio precisando
desesperadamente de terra

Qual é o meu propósito aqui?

Todos os meus sentidos falham

Com cada rajada de vento eu me movo hora a hora
mais impotente

Esse trabalho continuará indefinidamente?

Faça uma pausa, pondere, uma urgência, olhe para cima

No céu escuro de inverno uma luz branca, um sinal de esperança, uma pomba.

o décimo quarto

Eu ando devagar pelas ruas da cidade

Vejo adictos que querem progresso e mudança

Desespero manchou seus olhos escuros ocos

E seus corações, seus corações estão vazios, e meu coração

E eu choro silenciosamente

Eu vejo crianças brincando no parque

Sorrisos iluminam seus rostos com seu brilho

Seus corações estão cheios de amor e confiança em seus olhos

E eu choro silenciosamente

Eu choro pelos perdidos, pelos ricos e pelos pobres

Seus corações são amargos e frios

E eu choro silenciosamente

Espero um futuro de amor, fé e felicidade

E eu silenciosamente espero

Espero um futuro melhor e amanhã

E espero pelo amor que podemos dar um ao outro.

décimo quinto

O branco é uma cor, um pensamento aberto

O branco é uma tela em branco em uma galeria de arte

Branco é o espaço em branco entre as linhas em uma página de papel

O branco é um espaço vazio que preenche nossa vida

Com ela somos preenchidos e deixados sem limites

Sem ela estamos perdidos na pele infinita do esquecimento

Branco é o começo de todo fim, meio e começo

sou branca e sou linda

O preto é tão bonito quanto o leito de nuvens
brancas leitosas na pintura de uma criança inocente

O preto é tão bonito quanto a maciez do cabelo de
um bebê recém-nascido

O preto é tão bonito quanto defender o que é certo

O preto é tão bonito quanto o pôr do sol

Preto é tão lindo quanto um simples beijo na testa

sou negra e sou linda

Se fôssemos todos cegos

Talvez pudéssemos ver que Deus nos criou todos
iguais

Com uma bela variedade

Talvez se fôssemos todos cegos

Não era mais uma guerra

Afinal, de que cor é Deus?

Ele é preto ou branco?

Imagine se fôssemos todos cegos

Talvez pudéssemos entender

Não importa se somos brancos ou negros

Deus mora no seu coração e no meu.

referência

-Teologia escrita por Ali Ahmed

-O que é Deus escrito por Reza Ebrahimi

-E o Deus que está tão perto escrito por Mehdi Shamsi

- Métodos teológicos escritos por Mohammad Talebi

Printed by Books on Demand GmbH, Norderstedt / Germany